모르리

모르리

ⓒ윤을온 2025.

초판 1쇄 2025년 11월 24일

지은이 윤을온

펴낸이 서연남

펴낸곳 ㈜도서출판 이음

편집주간 원상호

편집 권경륜

디자인 김다슬 정아진 박충식

그림 원영미

출판등록 제419-2017-00013호

주소 26404 강원특별자치도 원주시 흥업면 한라대길 28,
한라대학교 창업보육센터 203호

전화 033-761-3223 **팩스** 033-766-8750

전자우편 iumbook@naver.com

인스타그램 @iumbook

ISBN 979-11-993905-3-9

*이 책의 판권은 지은이와 ㈜도서출판 이음에 있습니다. 이 책 내용의 일부 또는 전부를 재사용하려면 반드시 양측의 서면 동의를 받아야 합니다.

*값은 뒤표지에 있습니다.

*잘못된 책은 본사나 구입처에서 바꿔드립니다.

윤을온 시집

㈜도서출판이음

프롤로그
갈대 할머니와의 인연

단구동 연립주택에 혼자 사시는 90세 할머니께 세 번째 방문이었다. 입맛이 없고 식사를 잘 못 하셔서 영양수액제를 원하셨다. 오빠가 의사였다며 내가 오빠 같다고 반가워하신다. 나도 웃으며 농담으로 오빠 왔다고 악수를 청한다. 인지기능이 떨어진 어르신에게 같은 수준의 대화를 하면 편하고 소통도 잘 된다. 요양원 다니면서 터득했다. 치매 환자와 대화를 나눌 때 같은 눈높이 대화를 해야 한다는 것을. 그렇지 않으면 대화가 이어지지 않고 소통에 장애가 생기고 결국 관계 형성(라포)

이 어려워진다. 어느 요양원 할머니는 나보고 여기서 같이 살자고 하는 분도 계셨다.

먼저 그동안 잘 계셨는지, 어디가 제일 아프거나 불편하신지 자세히 여쭙는다. 사실 환자의 얼굴을 보고 이야기를 몇 마디 나눠보면 신체의 어느 계통에 문제가 어느 정도 있는지 감을 잡을 수 있다. 수십 년간 환자를 보고 쌓인 경험의 결과라고 할 수 있다. 그리고 청진기를 들고 가슴에서 심장과 폐 소리를 듣고 맥도 짚어보고 아픈 곳도 만져보면서 진단을 내리게 된다. 의과대학생 때 진단학 시간에 모든 질병은 문진과 촉진, 청진 등만으로도 80% 이상의 진단을 내릴 수 있다고 배웠다. 지금은 병원에서 X-ray, 초음파, CT, MRI 등의 기계에 대부분 의존하여 진단을 내리고 외래에서 청진기 보기가 어려워지는 것 같아 아쉬운 점이 있다. 내가 벌써 옛날 의사가 되었는지 모르겠다.

다시 환자 얘기로 돌아가면, 지난번에 혈압약 조절하여 혈압은 잘 유지되며 노쇠와 관절염 등으로 보행 장애가 있어 주로 침대에 누워서 생활하고 계신다. 역시 요양보호사가 하루 3시간씩 오고 계신다. 요양보호사가 얼마나 클라이언트(환자)를 인간적으로 대해주느냐에 따라 만족감이 달라지고 어르신의 삶의 질에 막대한 영향을 미친다. 얼마나 내 가족같이 돌봐드리는가가 중요하다. 왕진을 다니다 보면 요양보호사에 따라 독거 어르신의 삶이 달라짐을 많이 보게 된다. 진정성을 가지고 내 부모님같이 헌신적으로 돌봐드리는 요양보호사를 보면 고개가 숙여진다. 오래전 요양보호사 교육기관에서 강의할 때 요양보호사라는 직업은 봉사하면서 돈도 받을 수 있는 직업이라고 강조한 적도 있었다. 영양수액제를 놔드리고 나오다가 벽에 걸린 액자에 시가 있어 읽어보니 할머니가 2년 전에 쓰셨다고 한다.

갈대

무르익은 가을볕 아래
산허리에 자리 잡고
어우러진 갈대들
같이 즐기자 거닐자 하며
갈대 잎 흔들며
으스스 으사삭 나부댄다
훈풍 불어오면 서로 얼싸안고
뭉개구름과 같이 춤추고
강풍 불어오면 움추리고
추울세라 햇님을 부르다
저녁 노을빛 따라 잠든다
허리굽은 갈대 돋보이고
못다 큰 갈대를 잠 재우며
갈대가 외로울세라
스산한 바람따라
으스스 으사삭 합창한다

어느 복지관의 시 쓰는 수업에 참여하여 쓰신 것

이 여럿 있다고 한다. 벽에 걸린 시가 침상의 할머니를 벗하는 듯했다.

할머니 집 가까이 다른 연립주택에 살고있는 77세 할아버지에게 간다. 재택의료로 매월 방문한지 몇 년이 되어 할아버지와 의료팀 사이가 친숙하다. 매일 오는 요양보호사도 오래되었다. 돌봄을 하러 오는 요양보호사도 자주 변경되지 않는 것이 좋을 것 같다. 오래 오다 보면 가족같이 친숙해지고 도와주고 도움받기가 서로 편해진다. 할아버지는 탈북민이고 고혈압과 만성기관지염으로 기침 가래 호흡곤란이 있어 밖에 나가 걷기가 어려울 정도이다. 담배를 줄이고 산책을 자주 하시라고 하지만 별로 효과는 없는 것 같다. 입고 있는 내복이 지저분하여 물어보니 겨울났다고 하신다. 겨울 봄 내내 옷을 갈아입지 않은 것이다. 노숙인 진료를 할 때 1년에 한 번도 목욕이나 내복을 갈아입지 않는 경우를 본 적이 있지만 독거 어르신이 이런 경우는 드물었다. 이번 주 안에 내복을 세탁

하고 갈아입자고 했는데 얼마나 실천하실지 궁금하다.

2025년 11월
곽병은

목차

프롤로그 갈대 할머니와의 인연 · 4

아흔 하나 을온 씨, 시를 만나다

청춘은 늙지 않는다 · 15
갈대 · 18
할미꽃 · 20
노송나무 · 22
창조주 · 24
옥색 바다 · 26
연꽃 · 28
거미 · 30
상고대 · 32
폭포 · 34
아사리판 · 35
마음의 비 · 36
태산이 모인 곳 · 38
청춘의 영혼 · 40
첫눈 · 42
겨울 은행나무 · 44
인정받는 삶 · 46
10분보다 5분이 긴 하루 · 48

가슴속 외마디 그림 · 50

우도의 울음 · 52

도는 세상 · 54

뒷모습 · 56

운무 · 58

빈손 · 59

모르리 · 60

청진기는 옥수 · 62

천년 노송 · 64

정 · 66

방구 · 68

물 냄새 · 69

가지 나물 · 70

무념 · 71

천국에 계신 어머님께 · 72

대추나무 · 74

대문 없는 문패 · 76

에필로그 인생 열차 · 78

해설 거미와 청진기 · 84

아흔 하나 을온 씨,
시를 만나다

청춘은 늙지 않는다

청춘은 늙지 않는다. 내 몸은 87세 바람 따라
구름 흐르듯이 병들어 늙기 시작하고 무릎 관절
긴 세월 쓰다 보니 닳고 닳아 절룩이고
등 굽어 꼬부라진 할미꽃 되어도 고운 자태
누가 가히 웃고 마는가 순간 순간
청춘이 움직이는데
16살 소녀의 감성 청춘은 그대로 미래 열정 희망
모두가 그대로인 청춘의 영혼
회갑이 지난 아들 걱정 20대 손녀 걱정
모두가 청춘이 생각하는 삶의 뜻이
그대로 청춘이 있기에
슬픈 일 미쳐 돌아가고 하늘이 몇 번 무너질 듯
무너지고 결국은 쓸모없는 뒷방 할머니가 되어도
늙지 않는 청춘이 있기에

오늘도 이념과 걱정 일기와
동요 몇 자 쓰는 재미로 하루를 청춘이
나를 이끌고 간다

명예도 재력도 권력도 청춘의 힘이 있기에
욕망의 도를 넘치게 요구하는 것이 아닌가
분수와 도리를 아는 병들지 않는 청춘과 내 영혼이
함께 긴 여행을
떠나고 싶다

갈대

무르익은 가을볕 아래
산허리에 자리 잡고
어우러진 갈대들
같이 즐기자 노닐자하며
갈댓잎 흔들고
으스스 으사삭 나부댄다

훈풍 불어오면 서로 얼싸안고
뭉게구름 같이 춤추고

강풍 불어오면 움츠리고
추울세라 해님을 부르며
저녁 노을빛 따라 잠이 든다

허리 굽은 갈대 돋보이고
못다 큰 갈대를 잠재우며
갈대가 외로울세라
스산한 바람 소리 따라
으스스 으사삭 합창한다

할미꽃

사대부 조상의 형식 갖춘 묘
양지바른 묘비를 의지하여 핀 할미꽃
신비하여 살짝 만져 보니
회색빛 솜털 옷을 입고 속옷은 자주색
노란색으로 씨방을 갖고
굽은 허리로 꽃씨를 날린다

내년 봄에는 많은 할미꽃이
세상과 생명을 이야기하겠지

나는 태산 같은 자원(요양보호사님)을 가지고
외롭지 않은 할미꽃으로 살아가련다

삶에 필요한 모든 조건을 해결해 주는
요양보호사님이 있기에 너를 사랑할 수 있어
오늘 밤 비석의 주인과 하루에 사연을
속삭이겠지
잘자, 안녕, 할미꽃

노송나무

남산에 노송나무
이조 오백 년을 기억하게 한다
예술을 모르는 내가
머릿속에 그려본다
일일이 표현 못 하는 자태
숙연해지기까지 한다
이름 모를 조경사와
세월이 만드셨나
바람이 다듬었나
영혼을 노송나무 속에 넣어
만든 조물주
영원한 신이시여!
이 마음 같이 갑니다
자연 속 한그루 노송으로

노송나무

남산에 노송나무
이조 오백년을 기억하게 한다
예술을 모르는 내가
머리속에 그려 본다
일일히 표현 못하는 자태
숙연 진지해 까지 한다

이름모를 조경사님과
세월이 만드셨나 바람이 다듬었나

영혼을 노송나무 속에 넣어
만든 조물주~
영원한 신이시여~
이 마음 같이 갑니다~
자연속에 한그루의 노송으로~

창조주

창조주가 인생을 만들어감은
모태에서 태어날 때 작은 손에
쥐어진 인생길 같은 각본을
생을 마감하는 날까지 꼭 가지고
가게 되어 있는 숙명이 원망스럽고
태어날 때 응애 응애 또 응애
마음을 휘감고 절명하는 울음을 울며

해와 달을 맞이 한다 홀로 서서 가는 길이
각본 속에 있기에 개여울 물 흐르듯이 흘러간다

창조주가 계획한 대로 만들어져 가는
나의 모습 87세
좋아도 싫어도 받아들여야 하는 삶이
정석이라는 답이기에
늙어도 정숙하게 못 가본 길이지만
여자로 다시 가고 싶다
또 아픈 세상은 싫고 평범한 삶에
주연 여배우로 인정받는 생을 살다
장엄하고 오묘한 자연 속에
존재하고 싶다

옥색 바다

비취색 바다 물은 인간을 부르고
물속에 있는 산호초 가족들은
사랑하자 춤을 추듯이 너울댄다
물속은 수정 같고
하늘의 구름도 물속에 뜨네
저녁노을 옥색 물에 붉게 물 드리우고
밤하늘에 별들이 축하하네
은하수 수놓고
바다는 소리 내며 파도로 춤추네

옥색 바다

비 취색 바다 물은 인간을 부르고

물 속에 있는 산호초 가족들은
사랑하자 춤을 추듯이 너울댄다
물속은 수정같고
하늘의 구름도 물속에 뜨네
저녁노을 옥색물에 붉게 물드려 두고
밤하늘에 별들이 축하 하례
은하수 수놓고
바다는 소리 내어 파도로 춤추네

연꽃

끝없는 연꽃밭 부처님 모시고
아미타불

부처님 미소 연꽃 향기 만발하며
아미타불

스님 목탁 소리 극락을 인도하고
아미타불

웅장한 타종 소리 연잎 위에
은구슬 금구슬로 염주 만들고
아미타불

스산한 가을바람 외로운 풍경소리
아미타불

고독한 풍경소리 내 몸속에 녹아드니
고통은 물러가고
아미타불

풍경소리 새로운 몸 되어 부처 닮은 사리
그릇되어 끝없는 연꽃밭 되네
아미타불

거미

세월의 때가 서까래와 벽을 검게 물들였고
가을비 밤새 소리 없이 내린 이슬비
배부른 거미 한 마리 서까래와 벽을 오가며 실을
뽑아낸다
무심코 오가는 듯하나 육각형 아니
둥근 방석인 듯 집을 짓는다

밤새 내린 이슬비는 거미집에 입주한 것을
축하하듯 은방울 방울방울 영롱한 빛을
내며 바람에 살랑인다
다음날 치마에 매달린 거미줄에 아기 거미
탄생하고 어미 거미는 힘겹게 움직인다
모성애인 듯 애처롭기까지 하다

며칠 후 아기 거미 사라지고 어미 거미 가운데
매달린 채 거미줄도 몇 줄기 끊어지고
헌 집이 됐다
거미가 헌 옷 벗고 새 옷 입고 살아가면 좋으련만
그대로 생을 마감한다

사람과 비슷함이 안타깝다
분가한 아기 거미 새집 짓고 어미가 걸어온 길
그 삶의 방식대로 살아가겠지

상고대

상고대 많이 가지고 있는 자태
사계절을 벗 삼아 달라지는 너의 모습
내 마음 이렇게 술렁인다
따듯한 햇살 촉촉한 비 푸른 나무색
고마워 추운 계절 보답하는 상고대 세상에
어느 누가 부족한 보답이라 할까

자연이 주는 고마움
태초의 모습
어느 누가 따라 할까
감탄사 보내며 삶을 행복으로
사는 것이 아닐까

상고대에게 경이로운 예술을
작아진 가슴 속에 담아보는 시간
천지가 내 것이며 삶을, 시간을 아끼고 싶다

상고대 예술의 세계를 시간 시간 주름이 늘어가는
작은 가슴속에 품을 수 있는 기적을
상고대를 보며 느낀다
백색 목화솜으로 만들어 추울세라
포근히 덮어주고
같이 자장가 부르고 노닐고 싶다

폭포

굽이굽이 도는 물소리와
높은 곳에서 떨어지는 물의 울음소리
세상을 알게 하고 물 흐르듯이 가는 길이
도를 닦는 길이 아닐까

바위에 부딪혀 돌아가는 폭포 소리
두렵고 웅장하며
바위를 얼싸안고 돌아가는 소리
잔잔한 물길을 흘러 강으로
바다로 가서는 기쁨도 두려움도 주고
막힌 가슴을 열어 주기도 하지

굽이굽이 흐르는 물소리 따라 할 수 없는
연주하는 물소리에 나를 둔다
베토벤의 운명도 다시 생각하게 된다

아사리판

몰랐던 나 자신을 알게 된 87세
세상을 알고 살아가는 방법을 배우고
정의만을 주장했던 날들
정의 위에 협동을 알고
협동 위에 나눔을 배우고
나만의 이념도 꼭 마음속에 감춘 것도
대화로 풀고
뒷방 할머니가 병들고 늙었지만
내 품 안에 악을 용서하고 품을 줄도 알며
이웃도 사회를 나라를 걱정도 한다
어찌하다 파리 떼들이 정치를 한다고
윙 윙 거리는 세상이 되었나
그중에 왕파리 노릇하겠다고
아사리판에 끼어드는 ○○○은
비가 계속 오고 있는데 색칠이 될까
손녀 손자들의 장래가 심히 걱정된다

마음의 비

마음이 검게 타도 눈물조차 못 흘리고
아픈 상처 만져 주는 마음속에 비
일렁이는 마음을 비로 그림을 그리련다

마음의 비 검정색 멍이 들고
마음의 비 빨간색 피가 흐르고
마음의 비 분홍색 사랑으로 인내하고
마음의 비 녹색으로 희망을 주네
마음의 비 노란색으로 질투하는 마음

인간의 삶에 있어 비는 무지개 만들고
무지개는 인간의 운명 자연의 모습이다
보라색과 백색으로 얼룩진 마음
이슬비로 은색 칠하고
검정색 없는 무지개색으로 남은 그림
마음속에 그리련다

그릴 수 없는 민주주의 색은 발광체 모태에서
많이 그려지는 노동의 가치
억만년 노동의 색 모태의 색이며 생명의 바다

태산이 모인곳

웅장하고 장엄한 산이 노송나무 뻗은 듯
휘청이고 구부러진 가지 바람에 허리도
펴고 예술을 먹고 노송나무 만들어 자태를
뽐내고 숨 가쁜 소리 산소호흡 내 몸속에
피 돌고 골이 깊어 옥수 흐르네
밤하늘 북두칠성 국자 삼아 마른 목 적시고
새벽 별 잠들 때 역사를 남기며
시간 시간 흐르면 새로운 문화 만드네
깊은 산 한 자락에 누가 사랑했기에

야생화가 피었나 헉헉 가쁜 숨소리
메아리도 쉬어 가라고 꽃이 피었지
한발 천년 두발 이천 년 산의 역사를
알고 기어오르는 등산객 보고 느끼고
신기한 지구와 등산객 한 몸 되어
지구를 사랑하고 자연의 일부분인 일생
구름 위에서 사는 높은 산 모두 같이 살아가네
오늘 밤은 나도 두 팔 벌리고
구름 위에서 단잠을 자려한다

북호주 기행을 보고

청춘의 영혼

주름진 마음속에
청춘의 영혼 있기에
욕망의 생명 꽃피우고

청춘의 영혼 있기에
오늘도 추억에 잠기고
즐겁던 일 아픈 일 걸러내고

청춘의 영혼 있기에
순간 고통을 쓸어내고
내 마음 청춘의 영혼 속에
주름진 노후 같이 가네

첫눈

백설의 포근함은 애정이며
백설의 함박눈 마음의 부자
백설의 싸락눈 고독의 밤
나뭇가지 위에 소복소복 내린 눈
예술의 씨앗 불꽃 되고
길고 큰 호흡으로 소리 내면
억만년의 묵은 죄 눈꽃으로 변하네

첫 눈

백설의 포근함은 애정이며
백설의 함박눈 마음의 부자
백설의 싸락눈 고독의밤
나무가지 위에 소복소복 내린눈
예술의 씨앗 불꽃되고
걸고 큰 호흡으로 소리내면
여만년의 묵은쥐 눈꽃으로 변하며

겨울 은행나무

가로수 은행나무 옷을 벗고
수줍어 눈 감고 서 있네
은행잎 황금색 카펫 깔고
사각사각 걷는 발걸음 속에
행복 주고 눈감으면
내 몸속에 사랑의 전율 받고
천상의 그림 그리네
오는 봄 입을 옷 준비하는 나무뿌리
푸른색으로 예술을 준비하며
은행색 저고리에 초록색 치마
치맛자락 바람 불어 지친 영혼
쉬어 가라 그늘도 주네

인정받는 삶

이 세상 인간으로 태어나
가장 중요한 것은 타인에게
진정한 인간이라는 것 인정받는 것이 아닌가
재력 권력을 가지고도 인정받지 못하고
뒤로 욕을 받는 자 가장 실패한 삶을 산 인생
가진 게 없어도 존경하는 분으로부터
인정받고 사는
삶이 가장 성공한 사람이라고 생각한다

10분보다 5분이 긴 하루

시계만 바라보다 눈 상하겠네
어른 시절 설렁설렁 세월 보내다가
90년 세월 보내 남은 건 외로움뿐
70년 80년 세월
뭐 그리 할 일 있다고 먼저들 가고
나 혼자 두고들 갔나
천만다행이 30년 아래인 오빠가 생겼네
혼자 생각하고 혼자 웃는 재미도
외로움을 위로해 준다네

복지제도 생겨서 나같이 외로운 사람
도와주는 제도가 생긴 덕에
굶지 않고 입맛에 먹도록 잘해 주어서
출근 시간만 기다린다네
아리 잠잠한 몸으로 잠잠하게 일거일동

*아리: 아주

심리치료까지 해주는 정 요양보호사님
8시 55분 되면 귀가 쫑긋 서고
문만 바라보는 5분
시간이 이리 긴 건 나처럼 5분 시간만 보는 노인
시계 바보가 되는 것도
아리 잠잠한 노인이 되는 매력이 생기는
또한 자랑스럽지

가는 길도 아리 잠잠
5분 시계와 같이 가려네
5분이 긴 할머니

가슴속 외마디 그림

남이 볼까 마음에 그림을 그린다
삶에 지친 굽이굽이
애절한 그림을 두 번 세 번 덧칠도 하고
먹구름 가득 찬 제목으로
내 가슴 까만색 칠하고
가슴속에 외마디 그림 그리네
질투하는 노란색으로
그리고픈 그림 많은데 무엇이래
인생사 못 그리는 아픔
대자연 앞에 어찌 그리려 하나

우도의 울음

뾰족하게 솟은 바위 위에
서 있는 의사 한 사람
다르락, 자르락 소리 내는 조약돌
검은색 빨간색으로 변하고
국민의 소리 피 묻는 바닷가
울다 지쳐 눈물도 마르고
흰 가운 청진기 목에 걸고
몸은 차에 두고 마음만 뛰어간다
평생에 없던 의정 갈등이 무슨 말인가
국민들 가슴 막혀
가파도, 마라도 뒤에 두고
우도는 내가 알지 의정 갈등의 아픔을
움메 움메 가파도 그만
마라도 그만

도는 세상

백 년을 살았나 천년을 돌았나
거무스래 변해가는 물받이 날개
변함없이 돌아가는 물레방아야
너의 고생 누가 알아주니
인생도 마찬가지 일하니까
자고 먹고 하다 보니
검버섯 주름살 어린 날개 키우며
돌고 돌며 쿵더쿵, 쿵더쿵
어린 날개 물 먹이고,
온마을이 천석꾼, 만석꾼 되네

도는 세상

백년을 살았나 천년을 돌았나
거무스래 변해가는 물받이 날개

변함없이 돌아가는 물레 방아 야
너의 고생누가 아라주니
에인생도 마찬가지 일하니까
자고 먹고 하다 보니
검버섯 주름살 어린 날개키우며
돌고 돌며 쿵더쿵, 쿵더쿵
어린 날개 물먹이고
온마을이 천석꾼, 만석꾼 되데

뒷모습

드르륵 드르륵
오늘도 청소기는 돌아간다
굽은 등에서는 은빛이 나고
가슴에서는 금빛이 난다
아름다운 요양보호사님
정신과 할매를 치료한다
머리는 지구를 걱정하고
온 세상 환자 치료하는
김 요양보호사님
퇴근하는 뒷모습
밤하늘에 별빛 되어라

뒷모습

드르륵— 드르륵…
오늘도 청소기는 돌아간다
굽은 등에서는 은빛이 나고

가슴에서는 금빛이 난다
아름다운 복지사님
정신과 할매를 치료한다
머리는 지구를 걱정하고
온 세상 환자 치료하는
김복자님
    퇴근하는 뒷모습
밤 하늘에 별빛 되어라

운무

백지 위에 못 그린 사연을 감추고
가슴에 그림을 그린다
매일 다른 삶을 그리며 사는 것이
구십 평생
큰소리 허공에 그리면
높은 산 중턱에 운무만 그려지고
마음속 운무를 몇 번 지운다
아픔 큰데 대자연 앞에
어찌 삶을 그리려 하나
몇억 년 세월이 만든 세상을
미칠 것 같은 많은 삶
2번 3번 덧칠도 하지만
미완성 그림일 뿐
다시 돌아오는 백지
내일 또 그려야지
운무만 그려지는 할머니 가슴속에

빈손

응애응애
이 세상에 그냥 왔는데
그냥 가지
그대로 가는 걸 원치 않는 길이지만
그리도 힘들더냐
그냥 가면 되지 가다 보면 되지
쉬어 가는 자리 생기고
모든 것 생겨도 필요치 않은데
그냥 가지 그냥 가
이리도 가벼운 걸 생각을 지우니
보이지 않는 마음의 짐
그리도 아프고 무겁더니
이제는 알고 가는 길
훨훨 갈 수 있네

모르리

모르리, 모르리 내 갈 길 모르리
오늘도 연고로 치료를 받는다
내 몸에 욕창이 생길 줄 모르리

모르리, 모르리 내 갈 길 모르리
어둡고 가는 길 아픈 길

모르리, 모르리
내 맘에 빛은 있는데

모르리, 모르리
모두 홀로 가는데 나라고 못가나

모르리, 모르리
짊어지고 갈 것도 없는데

모르리, 모르리

모르리

모르리— 모르리 내 갈길 모르리
오늘도 연고로 치료를 받는다
내 몸에 욕창이 생길줄 모르리
모르리, 모르리 내 갈길 모르리
어둡고 가는건 아픈걸
모르리 모르리
내맘에 빛은 있는데
모르리, 모르리
모두 홀로 가는대 나라고 못가나
모르리 모르리 질머지고 갖것
없는대
모르리, 모르리

청진기는 옥수

눈뜨면 아픔과 두려움이
6.25 전쟁과 구십 평생 살아왔네
없어졌던 왕진제도 다시 오고
왕진 오신 원장님의 청진기는 생명
청진기는 옹달샘의 옥수
찢어지고 상처 난 곳에 여기저기 갖다 대면
옥수 되고
치료되네
옥수는 생명이고 사랑이고
존경이다

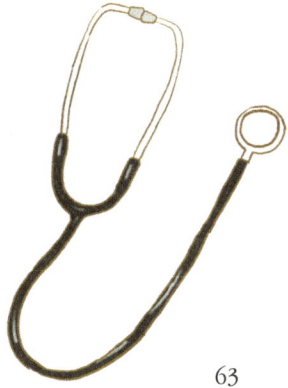

천년 노송

오늘따라 마음이 허전하여
산사를 걷는다
좀 더 커지는 목탁 소리
마음은 숙연해지고
연못 앞에 멈추어진다
연못에 누운 노송 그림인가
사진인가
천년 노송 미소인가 사랑인가?
물결은 춤을 추고
사리 모신 오층탑은
바람에 노니는 풍경을 마음에
잡는다
관세음보살 나무아미타불
관세음보살 나무아미타불

천년 노송

오늘따라 마음이 허전하여
산사를 걷는다

좀더 커지는 목탁소리
마음은 숙연해 지고

연못앞에 멈추어진다
연못에 누운 노송그림인가
사진인가
천년노송 미소인가 사랑인가?
물결은 춤을추고
사리모산 오층탑은
바람에 노니는 풍경을 마음에
잡는다
관세음보살 나무아미타불
관세음보살 나무아미타불

정

정이란 누가 주는 것이 아닌 것
내 마음 깊은 곳에서
뭉게구름 피어오르는 것
받은 것이 아니라 마음을 흔들고
먹구름도 되어가지
가는 사람 운무로 가운 만들어 입고
모르는 곳까지 같이 가는 것
90세 홀로 가는 길 정이 있으니
태산이 부럽지 않네

정

정이란 누가 주는것이 아닌것
내 마음 깊은 곳에서
뭉개구름 피여 오르는것

받은 것이 아니라 마음을 흔들고
먹구름도 되여게 가지
가는 사람 운무로 겨운만돌아 없고
모르는곳까지 같이 가는것
90재 홀로 가는길 정이 있으니
태산이 부럽지 않네

방구

사대부집 딸로 태어나
여자는 행동거지가
반듯해야 되는 법
조부모 말씀으로 90 평생 사는 날
복지사님 도움으로
화장실에서 퐁 방구를 꾸었다
나 자신도 놀라
아이구 미안해요 했더니
어머니 건강하다는 소리예요
순간 아기 볼기 방구 소리는
무럭무럭 자라는 소리 생각이 났다
큰오빠 방구는 농담하는 소리
아버지 방구는 보험 들어
마음 편한 소리
어머니 방구는 온 가족 건강 걱정하는 소리
까스는 건강 까스는 생명

물 냄새

출근 버스가 중심을 잃고 흔들릴 때마다
표현하기 어려운 냄새가 힘들게 한다
레몬, 애플, 샤넬 향기 등등
저마다의 향 내음이 힘들게 한다
물 냄새 싫어하는 사람 없듯이
바다, 아니 강물
개여울 물 흐르듯이
달빛 어린 개여울로
물 냄새 마시러 간다

담장에 허리 의지한 목련화
개여울에 잠든 달님 유혹하여
새벽안개 속에 숨어버리네
물안개 이불 덮고
많은 사랑 속삭이겠지

가지 나물

뜨거운 햇빛 속에 잘생긴 가지
줄 세워 놓고 맛있게 되라
맛있게 되라 도마소리 도미쏠
복지사님 나물 무친다
잘생긴 가지 줄 세워 놓고 음을 만든다
잘생긴 가지 야구방망이
못생긴 가지 골프채
혼신을 다해 홈런치고
응원가는 베토벤의 운명
내 영혼 운명과 같이
세상을 움직인다

무념

다시 한번 읽어볼걸
몇 번 후회하고 했지만 마음이 아프다
잘난 몇 번의 글이 이다지도
자신을 괴롭힐까
이름 석자가 무엇이길래?
가문에 먹칠이나 말아야 할 텐데

무념으로 쓴 글은 아닌데 읽어주는 마음이
같아야 할 텐데
아! 그렇지 그렇지 동감으로 읽어주었으면
91세 할머니 가는 길 광채가 나길 빌며
'주님이 도와주세요'
다시 머릿속이 백지로 돌아오고
잠은 오지 않는다

천국에 계신 어머님께

천국에 계신 어머님 그곳은 마음 편하시죠?
시어머님 천국에 가실 때
아픈 세상 사는 방법을 알려주시고 가시지요
저는 지금도 내 마음 알려고 살고 있어요.

시아버님 시작은어머님한테 5남매
본부인한테 5남매 10남매의 맏며느리
말만 들어도 끔찍한데
추석 보름달이 온몸
어느 구석에도 들어올 곳이 없지요
가슴 속에는 빈틈이 조금도 없이
먹구름이 차고
하늘이 준 외자로만 쓰는
네 네 네 만 할 줄 알고 살았습니다.
큰애야 버선 다 했니?
네

명주 두루마기도

네 네 네

아이들 양말도 다 기웠겠지

네 네

송편 할 떡 쌀도 물에 담가라

네 네

본가에서 배우기를 서방님 볼 때는

낮에는 남 보듯 밤에는 님 보듯 해야 한단다

배웠는데도 힘들어요 어머니

벙어리 삼 년이 되어야 하겠어요

시집살이 삼 년이면 모든 고통 면한다는데

평생 가는 아픔도 있네요

세상 끝내고 싶어요

안녕히 계세요

대추나무

몇 년도에 심었는지
대추나무 효심 걸렸네
먼저 열린 대추
자주색 저고리에
은행식 치마 입고
고개 숙이고 자주색으로
온몸 익어가며
제기^{祭器}에 고임새 받으려고
무겁게 흔들거린다
바람에 춤을 춘다
장독에 뜬 달님과 대추

추석 놓칠세라

음식 냄새 한참이고

둘째 막내

색동저고리 다홍치마 미리 입고

대추와 재롱으로

행복이 가득 집안 채운다

팔월 추석 보름달

얼씨구 좋다

대보름만 같으세요

풍족한 한가위

대문 없는 문패

어머니 책 내용 읽어보셨지요
비극의 왕 눈물의 딸 지켜보시느라고
많은 아픔을 지켜보시다가
가자 일어서…
도저히 안되겠다 하시며
저를 안아주시던 어머니
이혼 해 하시던 딸
비극에도 기쁜 날이 있네요
제가 쓴 시집이 책으로 나온다네요

90평생 고생 표현 못하는 일들이 기쁨으로
돌아올 줄 아찌 알았습니까
어머니!!
어머니 위대하신 우리 어머니
저를 이 세상에 태어나게 하신
자랑스런 우리 어머니
이 기쁨 어머니께 드립니다
이제 어머니 뵈올 날이 덜 두렵습니다
하늘에 계신 어머니께 올립니다
대문 없는 문패로

에필로그
인생열차

타고 보니 급행열차였지
이 열차는 어떤 철로를 달릴까?
설레며 궁금도 했었지
자연이 주는 선물은 천태만상
차창밖에 스쳐 가는 자연을
감상조차 못 하게 달렸고
자연이 주는 인생길 명소도 그냥 지나고

굽은 길을 지날 때
내 몸은 굽은 대로 흔들려 중심을 잃었고

순간순간 긴장하기도 했었지
스쳐 가는 길 위에 아픔도 있네

산허리를 감싸 안은 구부러진 철길
내 몸은 좌우로 흔들리고
곧은 철길이 다가오겠지

한참을 달려 어두운 터널 진입하니
가슴 뛰고 두렵고 미래가 보이지 않아
터널 속처럼 마음도 까맣게 타들어 갔지
인생길이란 철길처럼 정해진 각본인 듯
알 수 없는 고행인 듯
각본대로 달리고 숙명인 듯 참고
기도하듯 터널을 내달리네

캄캄한 터널을 지나올 수 있는 것은
앞자리엔 센터장님 내외분이
나의 옆자리에 요양보호사님이 동승하였기에
현기증도 참고 동행한다

공감대가 있기에

터널을 지나오니
내 몸은 만신창 되어
아프기만 하구나
옆집 고양이 모양
살금살금 굽은 허리로
걸어 다니는 90세 할머니가 되어
다가오는 종착역을 생각하며
준비할 것도 없고
가지고 내릴 짐도 없는데
주변을 살펴본다

쓸데없이 바쁘고 많은 생각에 잠긴다
외마디
헛소리를 하루에 몇 번씩 지르게 되고
후회도 하고 내 자신을 돌아보며
나를 사랑하기도 한다

처음 깨닫는 자신을

이제는 완행열차에 잘 맡기고 가고 싶다
말년에 못다 한 일도 많은데
지옥에서 벗어나자
두 얼굴로 삶을 사는 인간들 곁을 뒤로 하고

2021년 3월 16일
드디어 완행열차로 갈아탔다
역이름은 오성마을
열차 호수는 37호
옷가지 그릇 몇 개만 가지고 승차하는 것은
급행열차에서 쓰던 모든 것 버리고
마음속에 뿌리내린 흔적을 지우지 못하고
하루에도 몇 번씩 어머니를 부르짖으며
평생을 불효 여식으로 살며
삶을 용서받지 못함을 알고
이제는 가보지 못한 세상으로 가려 한다

세월이 진정 스승인 것을 이제 알고
더 배우려 한다

순간마다 머리에 입력해서
유언으로 남긴 만큼 많은 것을 배우고 싶다
이 또한 욕심일까?

온몸이 삭을 대로 삭아 바스스 무너진 몸을
누워서 편히 깨닫고 감동하며 시간과 놀고 있다
완행열차라 스쳐 가는 인생길이 아니라
미처 못다 한 인생사를 마음으로 느끼고
머릿속에 입력도 하며
나만의 인생사를 그려보고
생명이 있음을 다시 인정도 해가며 편히
열차가 가는 대로 몸을 맡기고 간다.

해설
거미와 청진기

시인 권오영

　홀연히 '처음'의 시간 속에 있는 것. 그러므로 모르는 자리로 다시 돌아가는 곳. 시는 '없음'에서 '있음'의 자리로 돌아오는 곳에서 탄생한다. 시는 귀결이 아니라, 존재에 대한 '질문'으로 남는 것이다. "나는 누구인가?"라는 끝없는 '질문의 시작' 속에서 시는 태어나고 자란다. "나였던 그 아이는 어디 있을까?"라는 질문이 시작된다면, 그 질문에 이어 그 아이는 "내 안에서 사라졌을까, 아니면, 아직 내 속에 남아 있을까?"라는 질문을 남긴다. 시는 근원에 대한, 다시 말하면 '처음'으로 돌아가는 그 막막하고 낯선 곳으로 돌아간다. 그리하여 시적 질문은 사물에 대한 느낌과 생각으로 싹이 트는 '순간'을 맞이하게 된다.

타고 보니 급행열차였지
이 열차는 어떤 철로를 달릴까?
설레며 궁금도 했었지
자연이 주는 선물은 천태만상
차창밖에 스쳐 가는 자연을
감상조차 못 하게 달렸고
자연이 주는 명소도 그냥 지나고

굽은 길을 지날 때
내 몸은 굽은 대로 흔들려 중심을 잃었고
순간순간 긴장하기도 했었지
스쳐 가는 길 위에 아픔도 있네

산허리를 감싸 안은 구부러진 철길
내 몸은 좌우로 흔들리고
곧은 철길이 다가오겠지

- 윤을온, 「인생열차」 부분

언어는 공기처럼 투명하고 자연스러운 매체이다. 시인 윤을온은 '지나간다'라는 자의식이 '지나가는' 밖을 응시하는 자리에 앉아있다. 시선이 고요하다. 시인의 자의식이 없었다면 풍경을 표현하는 것에 그쳤을지 모를 '열차'에 대한 사유가 신선하다. 그 사유는 들떠있지 않다. "이 열차는 어떤 철로를 달리고 있을까?"라는 질문이 시작되는 시의 출발점은 낯선 곳으로, 홀연히 '처음'의 시간으로 돌아간다. "차창 밖에 스쳐 가는 자연을", 보고, 느끼고, 생각하는 '처음'인 열차 안, 어느 좌석의 창가에서 시인은 '휘어진 길'과 '곧은 길'을 동시에 본다. '지나가는' 시간을 바라보는 시인이 던지는 질문이 시작되는 "어떤 철로를 달리고 있을까?"는 '중심'과 '긴장'사이를 횡단하고 있다. 시인의 믿음은 '곧은 길'에 귀착된다.

'굽을 대로 굽은' 길 위에서 '좌우'로 흔들리는 시인의 올곧음은, 자본의 시대가 낳은 폭주 시대 열차 안에서 모든 것을 감싸 안는다.

사대부 조상의 형식을 갖춘 묘
양지바른 묘비를 의지하며 핀 할미꽃
신비하며 살짝 만져보니
회색빛 솜털 옷을 입고 속옷은 자주색
노란색으로 씨방을 갖고
굽은 허리로 꽃씨를 날린다

(중략)

삶에 필요한 모든 조건을 해결해 주는
요양보호사님이 있기에 너를 사랑할 수 있어
오늘 밤 비석의 주인과 하루에 사연을
속삭이겠지
잘자, 안녕, 할미꽃

- 윤을온, 「할미꽃」 부분

 언어는 다른 예술의 질료보다 그것의 총체를 훨씬 선명하게 드러낸다. 먼 바다 수평선 자락을 손가락 끝으로 끄집어 서서히 당겨오는 느낌으로, 그 막막한 바다의 수평선 위로 배 한 척이 올라오는 느낌으로 다가오는 것이 시라면, 윤을온 시인의 '할미꽃'이 그렇다. 정제미가 느껴지는 시적 울림 속에 특별한 기교나 화려한 수사학이 없이 표현된 이미지가 주는 생동감이 현란하지 않다. "회색빛 솜털 옷을 입고"에서 시인이 보는 '시적 발견'은 삶에 대한 성찰로 이어진다. 태초인 대지와 하늘과 맞닿은 죽음, 즉 '조상의 묘' 사이에서 숙연해지게 만드는 '굽은 허리'의 할미꽃에 자신의 삶을 투사시켜 바라보는 시인의 시선이 정갈하다. 시의 씨앗이 발아되는 시저 지점에 들어앉은 '씨방'을 바라라보는 시인은 이제 속삭인다. "잘자, 안녕, 할미꽃"이라고.

밤새 내린 이슬비는 거미집에 입주한 것을
축하하듯 은방울 방울방울 영롱한 빛을
내며 바람에 살랑인다
다음날 치마에 매달린 거미줄에 아기 거미
탄생하고 어미 거미는 힘겹게 움직인다
모성애인 듯 애처롭기까지 하다

며칠 후 아기 거미 사라지고 어미 거미 가운데
매달린 채 거미줄도 몇 줄기 끊어지고 헌 집이 됐다
거미가 헌 옷 벗고 새 옷 입고 살아가면 좋으련만
그대로 생을 마감한다

- 윤을온, 「거미」 부분

   시는 자신과의 싸움이 클수록 농밀해진다. 시 속에 무슨 대단한 이야기를 하려 들지 않을수록 시적 울림은 커진다. 좋은 글은 자신이 쓰는 것이 아니라, 자신을 통해 인생이 쓰는 것이기 때문이다. 시인은 "이슬비는 거미줄에 입주한 것을"에서 세상과의 소통로를 열어준다. "방울방울 영롱한 빛"이 한 삶의 인생을 축하해 주듯이 안과 밖의 경계를 이어주는 매개체를 '이슬'로 치환한다. 인생의 격랑을 '바람'에 비유하여, 시적 자아가 "치마에 매달린 거미줄에 아기 거미 탄생하고"라는 구절에서 시인은 자신만의 인생길을 개척해 나가는 모습을 '거미줄'을 통해 보여준다. 이 세상은 모든 인연으로 엮여져 있다. '거미줄'처럼 엮인 인

드라망因陀羅網의 세상. 서로가 서로에게 연결된 인연들이 모여 끝없는 길을 내는 세상의 이치를 낮은 목소리로 노래한다. '거미줄'을 통해 자신의 삶을 '이슬'과 '방울'을 통해 바라보는 시선이 단아하다.

> 눈뜨면 아픔과 두려움이
> 6.25 전쟁과 구십 평생 살아 왔네
> 없어졌던 왕진제도 다시 오고
> 왕진 오신 원장님의 청진기는 생명
> 청진기는 옹달샘의 옥수
> 찢어지고 상처 난 곳에
> 여기저기 갖다 대면 옥수 되고
> 치료되네
> 옥수는 생면이고 사랑이고
> 존경이다
>
> — 윤을온, 「청진기는 옥수」 전문

'청진기'를 통해 이어주는 '아픔'과 '치료'로 귀결되는 시인의 삶의 방식은 건강하고 긍정적이다.

어떤 글이든 인생의 밑바닥에 가 닿아야 한다. 자본주의 폭주열차시대에 동승한 시인은 흔들리며, 흔들리지 않는다. 그것은 삶을 지켜 내려는 자신의 의지가 '중심'에 가 닿아 있기 때문이다. 자본주의가 상징하는 아파트 입구에 대고 시인은 절하지 않는다. 위선과 거짓 앞에 시인은 무릎을 꿇지 않는다. 진실을 배반할 때 진실은 자신도 자신을 도울 수 없다. 말하기 위한 말은 소음에 그칠 뿐이다. 인생길이라는 말이 있듯이 글도, 시도 인생글이다. 우리가 하는 말에 인생 전체가 걸려 있어야 한다. 모든 인생에 '청진기'를 갖다 대듯이 시도 그래야 한다.